DÉPARTEMENS REUNIS.

ASSEMBLÉE

CENTRALE

DE RÉSISTANCE A L'OPPRESSION.

DEPARTEMENS REUNIS.

ASSEMBLÉE
CENTRALE
DE RÉSISTANCE A L'OPPRESSION.

DÉCLARATION

Que fait à la France entière, L'ASSEMBLÉE CENTRALE des Départemens du Nord-Ouest, des motifs et de l'objet de sa formation.

FRANÇAIS ET CONCITOYENS,

APRÈS les attentats du 10 mars et du 31 mai, après les forfaits du 2 juin, nous avons démandé justice; nous ne l'avons point obtenu. Plusieurs départemensontfaitentendre leurs réclamations;

A 2

on les a méprisées. Beaucoup d'autres encore
ont parlé ; ils ont parlé vainement. Indignés
d'une oppression semblable, les Républicains
du Nord et de l'Ouest se sont levés. Réunis
dans leurs sections ou dans leurs assemblées primaires, ils nous ont dit : Allez à nos frères du
Calvados qui les premiers ont levé l'étendard
de la sainte insurrection. Constituez-vous *Comité central de résistance à l'oppression* ; et
nous nous sommes constitués.

Au Midi cependant un cri d'indignation général se faisoit entendre. Marseille bientôt délivrée de ses anarchistes, Bordeaux toujours
intacte, Lyon tout récemment victorieuse de
la tyrannie, et le *Gard*, et l'*Ardèche*, et
l'*Hérault*, et dans trente départemens circonvoisins, des milliers de Républicains surpris
qu'on eût espéré de les asservir, demandoient
réparation prompte et prompte vengeance. On
osoit ne pas les écouter. L'*Ain*, le *Doubs*,
le *Jura* se soulevoient impatiens du joug ; on
feignoit de ne les point apercevoir. Assis sur
un trône municipal à Paris, quelques factieux
en écharpe, et dans le sein même de la Convention, plusieurs Représentans infidèles ne

craignoient pas de se constituer en révolte ouverte contre le Peuple Français dont la MA-JORITÉ venoit de s'expliquer. Surprise d'une telle audace, Marseille, en un jour, organise et fait partir ses légions. Le Midi tout entier. s'ébranle. Des diverses extrémités de la République ; du *Jura*, des *Alpes* et des *Pyrénées* à-la-fois, de nombreux bataillons descendent. Et vous aussi, nos commettans, fiers habitans de ces contrées, si peu faits pour l'esclavage, enfans de l'Armorique et de la Neustrie, vous aussi, vous en appelez à vos armes !

Déja les bannières du *Calvados*, de l'*Ille et Villaine* et de l'*Eure* se sont réunies aux cris de l'allégresse commune. Déja votre avant-garde est dans Evreux, toute entière insurgée contre les usurpateurs. Vous voulez qu'on les punisse ; et ils seront punis.

Ils seront punis, pour avoir commis les vols et les assasinats de septembre : pour avoir, à cette époque à jamais exécrable, demandé l'établissement d'un Triumvirat ; forcé l'élection d'un Marat et de ses vils complices, et dès les premiers jours de l'Assemblée convention-

A 3

nelle, préparé son avilissement et provoqué sa dissolution.

Ils seront punis, pour avoir peuplé les armées, le ministère, tous les bureaux de l'administration, de leurs parens, de leurs amis, de leurs créatures, d'une foule d'individus également inepts et malveillans ; pour avoir, en violation des lois, usurpé pour eux-mêmes les principaux emplois de l'Etat : pour avoir soutenu le ministre Pache, dont les inépuisables complaisances ont coûté plusieurs cents-millions au peuple, dont la négligence volontaire a laissé les Alpes sans défense, ouvert à l'Espagne un chemin facile à travers les Pyrénées, fait périr dans le dénuement nos légions du Rhin, et complettement désorganisé les armées du Nord : pour avoir ruiné notre marine et par conséquent livré aux Anglais notre commerce et nos Colonies : pour n'avoir rendu aucun compte des deniers remis en leurs mains, souffert ou favorisé les énormes dilapidations de tous leurs agens ; de l'aveu même de Pache, accaparé au mois d'août de cette année pour huit mois de subsistances,

tandis que nos départemens réclament en vain
les approvisionnemens de quelques jours.

Ils seront punis pour avoir tenté de corrom-
pre, à prix d'argent, la morale du Peuple :
pour avoir conseillé, préparé, accompli les
pillages du 26 février : pour avoir le même jour,
au bruit de la générale, et en menaçant d'une
émeute nouvelle, arraché de nouveaux millions
à la Convention : pour avoir insulté à la morale, à la raison, à la justice publique, dans
le prétendu jugement de Marat : pour avoir
fait de la Municipalité de Paris une puissance,
d'abord rivale de l'autorité nationale, et bientôt
supérieure à la Convention : pour avoir salarié
des femmes publiques et des gladiateurs, chargés de prodiguer à vos Représentans des huées,
des injures, des menaces, des cris de pros-
cription.

Ils seront punis pour avoir forcé le rapport
du Décret qui chassoit ce Phillipe d'Orléans,
qu'ils avoient élu, quils préconisoient sans pu-
deur, avec lequel ils se montroient constam-
ment, et dont, en toute occasion, ils louoient
les enfans ; ces enfans dangereux, pour les-

quels Dumourier, devenu leur complice, osa bientôt redemander la Constitution de 89 et le Trône.

Pour avoir voulu disperser les deux tiers de nos Représentans, et dans leur nombre égorger les plus inflexibles républicains, à l'époque du 10 mars, époque remarquable, où, sans le courage des hommes du Finistère, la liberté perrissoit sous les poignards de l'anarchie.

Pour avoir, à la même époque, fait arracher par la violence un décret qui, détruisant l'institution sainte des jurés et soumettant nos départemens à la seule jurisdiction de Paris, a établi, sous le nom de *Tribunal révolutionnaire*, une commission destinée à écarter par le glaive et contenir par la terreur tous les républicains ; une commission telle que, sous le régime des Bastilles, on n'en vit point de plus détestables.

Pour avoir aussi fait arracher par la violence, une nomination de commissaires, dont les deux tiers des Représentans, ainsi privés de leur caractère, furent exclus, et qui ne jetta sur les départemens que les agens d'une faction, investis d'un pouvoir dictatorial, dont plusieurs firent un abus si terrible, que leurs prédications scandaleuses, leurs intrigues corruptrices, les suspensions, les destitutions, les arrestations arbitraires, les vexations de toutes les espèces exercées par eux, nous ont rappelé cent fois le despotisme des modernes intendances, ou la tyrannie de ces anciens pro-consuls envoyés par la superbe Rome dans les provinces conquises :

Pour avoir encore désolé nos départemens des émissaires d'une commune usurpatrice et de deux ministres conspirateurs, *Bouchotte* et *Garat*; émissaires évidemment unis dans l'intention d'anarchiser nos villes, de mara-tiser nos campagnes, de diviser les citoyens en deux classes, d'exciter tous ceux qui ne possèdent pas contre ceux qui possèdent, de mécontenter le riche en l'inquiétant dans ses biens, de ravir au pauvre toute espèce de ressource, en faisant dévaster les propriétés, de propager la doctrine du vol et de l'assas-sinat, de jetter toutes les semences de la guerre civile, de calomnier les Représentans

du peuple, de proclamer la primatie de la
commune de Paris, et l'excellence d'une mi-
norité factieuse, désignée sous le nom de
Montagne, afin que nos départemens devins-
sent les tributaires d'une capitale, afin que la
Convention se trouvât réduite à une cen-
taine d'individus, sénateurs inamovibles encore avides de richesses, quoique chargés de
dépouilles, et prêt à trafiquer des droits du
Peuple, quoique toujours ambitieux de puissance, afin que la dissolution sociale ayant
préparé le retour du despotisme, on pût sub-
stituer bientôt à la tyrannie d'un petit nombre, la tyrannie d'un seul.

Ils seront punis, pour avoir voulu, dès le
20 Juin, reprendre les complots avortés le
10 Mars, pour avoir dans la maison du Maire,
préparé les faux témoignages, les correspon-
dances calomnieuses, et les poignards par
lesquels ils espéroient ravir en même tems à
vos Représentans fidèles et la vie et l'honneur.

Nous le jurons sur vos armes ! ils seront
punis de la révolte du 51 Mai et des forfaits
du 2 Juin ; ils le seront, pour avoir, dans
ces journées, les dernières de la Convention,

au bruit du tocsin séditieux, avec cent canons parricides, avec les bayonnettes destinées pour la Vendée, où leur absence livroit nos places aux Rebelles, ordonné qu'une Commission instituée pour rechercher les complots tramés contre la Représentation Nationale, fût cassée sans qu'on entendit son rapport déjà prêt; que 32 Députés, dénoncés sans preuves, vengés par un Décret, accusés de nouveau, sans qu'on daignât chercher de nouveaux prétextes, et tellement exempts de reproches, qu'aujourd'hui même leurs plus cruels persécuteurs ne pouvant rien trouver qui les inculpe, s'imposent silence par *des Décrets*, fussent arrachés de leurs postes, et tenus en réserve sous les poignards; enfin pour avoir, dans ce moment qu'ils croyoient favorable, hazardé, par l'organe des plus vils hommes, une première tentative pour que la Nation prît *un Chef*.

Ils seront punis, pour avoir dressé dans toute l'étendue de la France des listes de proscriptions, et désigné pour le premier massacre dans la ville de Lyon 2,500 victimes, 3,000 dans celle de Marseille; et dans celle de Paris 8,000.

Pour avoir voulu, comme au tems de l'ancien

despotisme, remplacer la Garde nationale, par une garde prétorienne à leur solde.

Pour avoir, comme tous les tyrans, violé la liberté de la presse et le dépôt sacré des lettres :

Pour avoir fait livrer, par des généraux de leur choix, Saumur qu'il étoit facile de défendre, notre artillerie qu'on pouvoit sauver, nos munitions que du moins au moment de la défaite on devoit détruire ; pour l'avoir fait dans l'intention manifeste d'ouvrir aux Rebelles le chemin de la ci-devant Bretagne et de la ci-devant Normandie, afin d'inquiéter et d'occuper chez eux les 12 ou 15 Départemens que dans cette partie de la France ils voyoient prêts à se soulever ensemble contre les attentats du 2 Juin.

Pour avoir, malgré mille et mille réclamations, confié la défense des Départemens menacés par les Royalistes de la Vendée, à *Santerre* complettement inhabile au métier des armes, et l'une des plus anciennes créatures de ce d'Orléans que sa faction vouloit porter au trône, afin de régner sous lui :

Pour avoir essayé de tromper le Peuple et d'usurper sa souveraineté, en méconnoissant avec audace, en ensevelissant avec perfidie dans les ténèbres du Comité de salut public, cette foule d'Adresses où l'immense majorité des Français témoignoit l'indignation qu'il avoit à la nouvelle des crimes du 2 Juin ; pour avoir fait insulter et jeter dans les prisons les Députés extraordinaires ; pour avoir appellé *insurrection* la révolte de quelques hommes au sein d'une seule ville, et *révolte* l'insurrection de la grande majorité du Peuple Français dans ses Départemens.

Ils seront punis, pour avoir enchaîné les malheureux restes de la Représentation nationale, pour *l'avoir j   e* à rendre ce qu'ils osent encore appeler des décrets ; pour *l'avoir forcée* à enfanter dans l'état de dissolution où ils l'avoient réduite, quand nos plus courageux défenseurs étoient écartés, quand les proscriptions étouffoient le cri des consciences, quand le pillage attestant la nullité des Loix dévoroit encore les propriétés, un phantôme de Constitution, nouveau ferment de divisions intestines, dégoûtant squelette où rien n'est organisé, rien que le germe de l'anarchie toujours renaissante, rien que l'asservissement inévitable et prochain de toutes les parties de la République aux insolens municipaux de Paris.

Ils seront punis, pour avoir, dans l'enceinte de leur ville, indignement perverti la morale, et trompé la confiance d'une portion de citoyens recommandables, mais trop crédules, qui ne méritoit pas après tant de combats et de sacrifices glorieux, de voir ses travaux perdus et sa gloire flétrie ; pour avoir abusé les uns et opprimé les autres, et par une suite continuelle de vils artifices, de basses impostures, de lâches mensonges, d'intrigues corruptrices et de proscriptions sanguinaires, régné despotiquement sur eux tous.

Parisiens malheureux, généreux Parisiens, si telle est leur puissance, qu'ayant à leur disposition une partie de vos forces, les principaux emplois de la République, tous ses trésors et les débris d'une Convention qu'ils obligent à délibérer pour eux, ils parviennent à enchaîner, pendant quelques jours encore, votre courage impatient du joug : ah! du moins, tournez

vers nous des regards d'espérance ! Nous venons
bientôt, nous venons rétablir la Représentation
nationale, depuis le 27 mai détruite ; étouffer
l'Anarchie depuis six mois triomphante, ter-
rasser des Municipaux tyrans, briser vos fers
et vous embrasser.

Nous vous recommandons les honorables
Proscrits qui sont dans vos murs. Quand la
fureur des brigands les menace, que le courage des gens-de-bien les rassure. Epargnez à
votre ville une honte nouvelle ! Empêchez que
la mesure du crime soit comblée !

Mais toi, Pache, et tous les tiens, et tes
Municipaux, et tes Cordeliers, et tes femmes
révolutionnaires, tous, tous, vous nous répondez, vous nous répondez sur vos têtes, nous
ne disons pas seulement d'un mouvement qui
détermineroit l'assassinat de ces victimes dé-
vouées ; nous disons aussi, *de toutes les espèces
d'accidens* qui pourroient, d'une manière en
apparence moins violente, terminer leur vie !...

Républicains de l'Ouest et du Nord, vous
êtes prêts. L'impatiente ardeur qui vous a saisis,

sera très-incessamment satisfaite. Nous, vos Mandataires, spécialement envoyés pour cet objet de salut public, nous allons accomplir une coalition sainte. Nous allons tout disposer pour que rien ne vous arrête dans votre marche victorieuse ; et vos frères du Midi n'arriveront point avant vous.

Signé REGNAULT, *Président.*

et Louis GAILLE, *Secrétaire.*

A CAEN, de l'Imprimerie Nationale, chez G. LE ROY, 1793.